Barbara Frey

Festtagskerzen gestalten und verzieren

AUGUSTUS

Inhalt

4 *Material und Werkzeug*

5 *Grundtechniken*

6 *Taufkerzen*

7 Taufkerze »Sonne und Wasser«

8 Taufkerze »Wiege«

10 Taufkerze »Strampler«

11 Taufkerze »Taube«

12 *Kommunionkerzen*

13 Lange Kommunionkerze

13 Kommunion-Tischkerze

15 Buch zur heiligen Kommunion

16 Runde Kommunionkerze

Inhalt

24 *Kerzen mit Blumenmotiven*

25 Kerze mit Seidenblüten

25 Blütenkerzen

27 *Kerzen mit grafischen Mustern*

28 Kerzen mit spiralförmigen Mustern

29 Kerzen mit geometrischen Mustern

30 *Weihnachtliche Kerzen*

17 *Osterkerzen*

18 Osterkerze »Lamm und Sonne«

18 Osterkerze mit rotem Kreuz

20 *Hochzeitskerzen*

21 Hochzeitskerze mit Rosenranke

22 Hochzeitskerze »Taubenpaar«

23 Hochzeitskerze mit geschwungenen Ornamenten

Das wird gebraucht

Material und Werkzeug

Kerzen

Fast alle hier vorgestellten Verzierungen werden auf Stumpen-, Kugel- oder Spitzkerzen aufgebracht. Damit die Dekorationen besser halten, müssen die Kerzen vor dem Bearbeiten vorsichtig mit einem trockenen Tuch abgerieben werden.

Beim Gestalten einer Kerze gilt die Regel: Je dicker die Kerze, umso einfacher lässt sie sich verzieren.

Wachsplatten

Selbsthaftende Wachsplatten gibt es in vielen Farben und Mustern im Bastelgeschäft zu kaufen.

Arbeitstisch und Arbeitsutensilien

Den Arbeitstisch decken Sie am besten mit einer Zeitung ab und legen darauf Pergamentpapier, damit die Kerze keine Druckerschwärze annimmt. Als Schneidegerät verwenden Sie ein spitzes Messer oder eine spitze Schere. Lineal und Bleistift brauchen Sie, um gerade Linien (Kreuze, Ornamente) zu ziehen, Bleistift, Pergamentpapier, Kohlepapier und Klebestreifen, um die Vorlage durchzupausen.

Farben

Wenn Sie Ölfarbe verwenden, müssen Sie unbedingt deren Trocknungszeit berücksichtigen. Diese lässt sich mit einem speziellen Malmittel verkürzen, mit dem Sie die Farbe verflüssigen. Zum Reinigen des Pinsels verwenden Sie Terpentinöl.

Mit Farbsprays oder Farbpuder erzielen Sie interessante Effekte.

Grundtechniken

Vorlagen herstellen

Die Vorlagen für flächige Verzierungen pausen Sie auf Pergamentpapier durch und übertragen sie dann mit Kohlepapier (oder Schneiderkopierpapier) auf die Wachsplatten. Damit die Vorlage nicht verrutscht, fixieren Sie diese mit ein paar Klebestreifen.

Ornamente ausschneiden und fixieren

Schneiden Sie das Motiv, nachdem Sie es abgepaust und auf die Wachsplatte übertragen haben, mit einem spitzen Messer aus und erwärmen Sie es leicht in der Hand. Danach drücken Sie es auf die Kerze. Mit dem Messer können Sie das Wachsplattenteil anritzen und so zusätzlich verzieren. Aus schmalen Wachsstreifen formen Sie Buchstaben und Zahlen.

Motive modellieren

Eheringe
Formen Sie aus goldfarbenen Wachsstreifen zwei einzelne Ringe und legen Sie die Teile an den Nahtstellen ineinander. (Wachsringe gibt es übrigens auch schon fertig in Bastelgeschäften zu kaufen.)

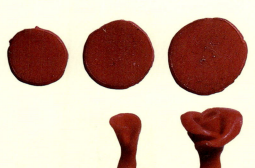

Rosenblüte
Schneiden Sie aus einer roten Wachsplatte drei verschieden große Kreise aus. Rollen Sie den kleinsten Kreis zusammen und wickeln Sie die beiden anderen jeweils versetzt um das erste Blütenteil. Drücken Sie die Blütenteile an. Je nach Größe und Anzahl der Wachskreise variiert die Größe der Rosenblüte.

Taufkerzen

Das erste große Fest für den neuen Erdenbürger wird mit vielen Verwandten und Bekannten gefeiert. Bei der Taufzeremonie darf natürlich eine prächtige Taufkerze nicht fehlen.

Taufkerze »Sonne und Wasser«

Vorlage siehe Vorlagenbogen

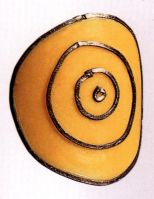

Das wird gebraucht

Stumpenkerze in Weiß, 23 cm hoch, 6 cm Ø
Wachsplatten in Dunkelblau, Hellblau, Gelb, Gold

So wird's gemacht

Kopieren Sie als Erstes Wasser und Sonne auf die jeweilige Wachsplatte und schneiden Sie anschließend die Motive aus. Nun setzen Sie das Wasserteil an der Unterkante der Kerze an und legen es um die Kerze. Danach fixieren Sie die Sonne im oberen Drittel der Kerze.

Nun umranden Sie mit einem etwa 1 mm breiten Goldstreifen das Wasser und die Sonne.

Als Nächstes formen Sie aus der hellblauen Wachsplatte einzelne kleine Wellen und ordnen diese auf der dunkelblauen Wachsplatte an.

Für die Kreuzlinien legen Sie jeweils zwei etwa 5 mm breite Streifen aufeinander. Dadurch wirkt das Kreuz etwas plastischer.

Für die Schrift werden dünne Streifen von der Wachsplatte abgeschnitten, zu einzelnen Buchstaben geformt und auf der Kerze fixiert.

• Tipp •

Sie können auch eine dickere oder dünnere Kerze, als vorgegeben, verwenden. In diesem Fall müssen Sie aber die Vorlage für das Wasser entsprechend ändern.

Taufkerzen

Taufkerze »Wiege«

Vorlage siehe Vorlagenbogen

Das wird gebraucht

Kerze in Weiß (Stumpen oder Kugel)
Wachsplatte in Gold
Ölfarben in Braun, Gelb, Rosa oder Hellblau
Pinsel

So wird's gemacht

Pausen Sie zunächst die Wiege ab und übertragen Sie das Motiv so auf die Kerze, dass man die Konturen erkennt.

Legen Sie dann mit dünnen Goldwachsstreifen die Umrisse nach und formen Sie daraus auch den Namen des Täuflings (sehr genau arbeiten!).

Die einzelnen Felder malen Sie anschließend mit Ölfarbe aus.

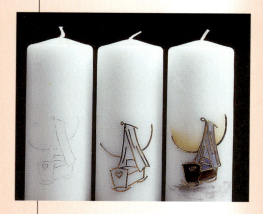

Taufkerze »Wiege«

Taufkerzen

Taufkerze »Strampler«

Vorlage siehe Vorlagenbogen

Das wird gebraucht

Stumpenkerze in Weiß, 24 cm hoch, 7 cm ⌀
Wachsplatten in Braun, Schwarz, verschiedenen Grüntönen, Rosa, Beige, Hellblau
farbige Wachsreste
Ölfarbe in Schwarz
Pinsel

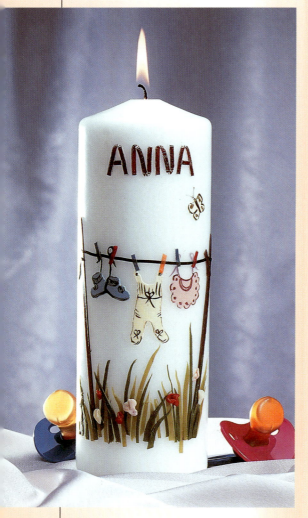

So wird's gemacht

Schneiden Sie als Erstes zwei Streifen von der braunen Wachsplatte ab und bilden Sie damit die Pfosten für die Wäscheleine.

Das Gras besteht aus dünnen Wachsstreifen in verschiedenen Grüntönen. Schneiden Sie die Streifenspitzen jeweils schräg ab.

Die Kleidungsstücke werden auf die Wachsplatten kopiert, ausgeschnitten und auf der Kerze angebracht.

Ziehen Sie als Nächstes eine Wäscheleine aus einem dünnen schwarzen Wachsstreifen von Pfosten zu Pfosten. Farbige Wachsreste dienen als Wäscheklammern und Blüten.

Zum Schluss werden einzelne Konturen mit Ölfarbe bemalt und der Name des Täuflings aus Wachsplattenstreifen in der gewünschten Farbe geformt.

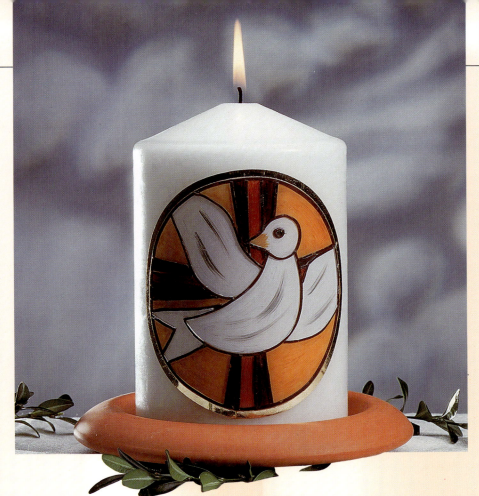

Taufkerze »Taube«

Vorlage siehe Vorlagenbogen

Das wird gebraucht

Stumpenkerze in Weiß, 12 cm hoch, 7,5 cm Ø
Wachsplatten in Braun, Gold
Ölfarben in Weiß, Gelb, Rot, Schwarz
Pinsel

So wird's gemacht

Pausen Sie das Motiv ab und übertragen Sie es so auf die Kerze, dass die Umrisse zu erkennen sind.

Legen Sie dann mit dünnen braunen Wachsstreifen die Konturen nach. Um den Motivrand formen Sie zunächst einen braunen und dann einen goldenen Streifen.

Die einzelnen Felder malen Sie anschließend, dem Bild entsprechend, mit Ölfarbe aus.

Kommunion-kerzen

Die Kommunion ist eine wichtige Feier für einen Heranwachsenden. Eine individuell gestaltete Kommunionkerze wird ihn immer an das große Fest erinnern.

Kommunion - Tischkerze

Lange Kommunionkerze

Vorlage siehe Vorlagenbogen

Das wird gebraucht
Kerze in Weiß, 40 cm hoch, 4 cm Ø
Wachsplatten in Weiß, Gold

Kommunion - Tischkerze

Vorlage siehe Vorlagenbogen

Das wird gebraucht
Stumpenkerze in Weiß, 27 cm hoch, 5 cm Ø
Ölfarben in Gelb, Rot, Blau, Grün, Gold
Pinsel (Stärke 2 oder 3)

So wird's gemacht
Pausen Sie das Motiv von der Vorlage ab und fahren Sie die Konturen dick mit einem Bleistift nach. Legen Sie das

So wird's gemacht
Pausen Sie zunächst Kreuz und Kelch ab und übertragen Sie die Motive auf die jeweilige Wachsplatte. Schneiden Sie die Symbolbilder aus.

Nun drücken Sie das Kreuz auf die Kerze und umranden es mit einem dünnen Goldstreifen. Achten Sie an den Ecken auf einen sauberen Abschluss.
Als Nächstes legen Sie den Kelch auf.

Zum Schluss verzieren Sie die Kerze noch mit einem Sockel und ein paar Strahlen.

Kommunionkerzen

Papier mit dem abgepausten Motiv auf die Kerze, halten Sie das Papier gut fest und rubbeln Sie mit dem Fingernagel das Motiv auf. Achten Sie darauf, dass alle Konturen gut auf der Kerze zu sehen sind.

Anschließend malen Sie die einzelnen Teile mit der transparent verdünnten Farbe aus. Dabei müssen Sie sehr sorgfältig arbeiten und aufpassen, dass Sie den Farbauftrag nicht mit der Hand verwischen.

Buch zur heiligen Kommunion

Vorlage siehe Vorlagenbogen

Das wird gebraucht
Wachsbuch
Wachsplatten in Gold, Blau
Ölfarbe in Blau
Pinsel
Baumwolllappen

So wird's gemacht
Pausen Sie das Pax-Zeichen ab und übertragen Sie es auf die Wachsplatte.

Die Buchstaben werden einzeln aus dünnen Wachsstreifen geformt und aufgelegt. (Gibt es aber auch als fertigen Schriftzug zu kaufen!)

Als Nächstes werden einzelne Stellen auf dem Buch mit Ölfarbe schattiert. Dazu die Stellen dünn bemalen und mit einem Lappen nach außen hin abtupfen oder wischen, damit ein weicher Übergang entsteht.

Kommunionkerzen

Runde Kommunionkerze

Vorlage siehe Vorlagenbogen

Das wird gebraucht

Kugelkerze in Weiß, 12 cm Ø
Wachsplatte in Gold
Ölfarben in Gelb, Rot, Blau
Pinsel
Baumwolllappen

So wird's gemacht

Bemalen Sie die Kerze in den Farben des Regenbogens. Streichen Sie zuerst die gelbe Farbe über die Kerze und verteilen Sie diese mit einem Lappen oder einem Pinsel gleichmäßig. Verfahren Sie so auch mit den anderen Farben. Sie können ruhig etwas ineinander übergehen, beachten Sie in jedem Fall die Trocknungszeit der Ölfarben.

Als Nächstes pausen Sie die Motivteile ab und übertragen diese auf die Wachsplatte. Nachdem Sie alles ausgeschnitten haben, legen Sie die Teile auf die Kerze und drücken sie anschließend fest. Die Farbe muss jedoch vor dem Fixieren der Teile ganz trocken sein.

• Tipp •

Wenn Sie das Motiv für eine Osterkerze verwenden wollen, bringen Sie zusätzlich noch die Jahreszahlen an.

Osterkerzen

An Ostern wird dem Leiden Christi und seiner Auferstehung gedacht. Um neben den vielen bunten Ostereiern und Hasenbildern nicht ganz den eigentlichen Sinn dieser Zeit zu vergessen, bietet es sich an, selbst eine feierliche Osterkerze herzustellen.

Osterkerzen

Osterkerze »Lamm und Sonne«

Vorlage siehe Vorlagenbogen

Das wird gebraucht

Stumpenkerze in Weiß, 24 cm hoch, 7 cm Ø
Wachsplatten in Rot, Gelb, Grün, Gold, Braun

So wird's gemacht

Als Erstes die einzelnen Teile auf die jeweilige Wachsplatte übertragen und ausschneiden.

Danach den grünen Boden mit der geraden Seite bündig am unteren Kerzenrand ansetzen und festdrücken. Dann die Sonne oberhalb des Bodens fixieren und die Kerze mit den restlichen Motivteilen verzieren. Abschließend bringen Sie noch die goldene Umrandung, die Buchstaben und die Ranken an.

Osterkerze mit rotem Kreuz

Vorlage siehe Vorlagenbogen

Das wird gebraucht

Beliebige Stumpen- oder Kugelkerze
Wachsplatte in Rot
Goldpuder

So wird's gemacht

Zunächst das Kreuz abpausen, auf die Wachsplatte übertragen und ausschneiden.

Ritzen Sie als Nächstes mit der Messerspitze das ganze Kreuz in einer Richtung ein. Dadurch bekommt die Oberfläche eine Struktur, die anschließend durch den Auftrag von Goldpuder noch betont wird. Geben Sie dazu etwas Puder auf den Finger und streichen Sie leicht über das Kreuz.

Nun drücken Sie das Kreuz auf die Kerze und formen mit dünnen Wachsstreifen Alpha und Omega sowie die Jahreszahl.

Osterkerze mit rotem Kreuz

Hochzeits-kerzen

Das Kind ist erwachsen geworden und wieder symbolisiert die Kerze einen wichtigen Lebensabschnitt. Dieses Mal wird sie mit zwei ineinander verschlungenen Ringen versehen, die auf die bevorstehende Hochzeit hinweisen.

Hochzeitskerze mit Rosenranke

Vorlage siehe Vorlagenbogen

Das wird gebraucht

Stumpenkerze in Weiß, 25 cm hoch, 7 cm Ø
Wachsplatte in Gold
Goldspray
weiße Rosen, selbst modelliert oder gekauft
Klebestreifen
evtl. Klebeblättchen

So wird's gemacht

Die »Welle« auf ein Papier pausen und ausschneiden. Anschließend mit Klebestreifen auf der Kerze befestigen.

Als Nächstes sprühen Sie links und rechts von der Schablone eine dünne Schicht Goldspray auf. Lassen Sie diese etwas antrocknen und lösen Sie anschließend die Schablone. Nachdem die Goldschicht ganz trocken ist, formen Sie mit Goldwachsstreifen die Blumenranke entlang der »Welle«. Schneiden Sie dann ein paar Blätter zurecht und drücken Sie diese versetzt entlang der Stiele an.

Nun stellen Sie die Blüten, wie auf Seite 5 beschrieben, her und fixieren diese an der Kerze. Verwenden Sie eventuell etwas Klebewachs (Klebeblättchen).

Zum Schluss formen Sie die Eheringe, wie auf Seite 5 beschrieben, und bringen diese an der Kerze an.

Tipps

Die Blumenranke eignet sich auch hervorragend als Schmuck für eine Kerze zur Silberhochzeit.

Außerdem kann man passend zur Stumpenkerze auch Spitzkerzen oder Kugelkerzen für die entsprechende Tischdekoration verzieren.

Hochzeitskerzen

Hochzeitskerze »Taubenpaar«

Vorlage siehe Vorlagenbogen

Das wird gebraucht

Stumpenkerze in Weiß, 18 cm hoch, 8 cm Ø
Wachsplatte in Gold
Ölfarben in Blau und Lila oder nach eigenem Geschmack
Pinsel
Baumwolllappen

So wird's gemacht

Die Kerze mit den zwei Ölfarben so bemalen, dass die Farben ineinander übergehen. Anschließend mit einem Lappen verwischen. Tupfen Sie stellenweise etwas stärker, damit eine Schattierung entsteht.

Nach einigen Stunden, wenn die Farbe trocken ist, bringen Sie das Taubenpaar auf. Dazu zunächst die Tauben abpausen und auf die Kerze durchdrücken. Dann dünne Goldstreifen zuschneiden und diese entlang der durchgedrückten Linien aufbringen.

Die Eheringe formen Sie, wie auf Seite 5 beschrieben, und fixieren sie dann auf der Kerze.

Hochzeitskerze

Hochzeitskerze mit geschwungenen Ornamenten

Vorlage siehe Vorlagenbogen

Das wird gebraucht

Stumpenkerze in Weiß, 18 cm hoch, 8 cm Ø
Wachsplatte in Gold und marmoriert
Goldspray

So wird's gemacht

Die beiden Ornamente auf die Wachsplatte übertragen und ausschneiden. Danach leicht schräg auf der Kerze anbringen.

Als Nächstes schneiden Sie dünne Goldstreifen zu und umranden damit die Ornamente. Schneiden Sie dann verschieden große Goldpunkte zu und drücken Sie diese, dem Bild entsprechend, auf die Kerze.

Nun formen Sie noch die Eheringe, wie auf Seite 5 beschrieben, und fixieren diese anschließend auf der Kerze. Sprühen Sie mit dem Goldspray leicht über das Motiv.

Den Schriftzug »Zur Vermählung« pausen Sie ebenfalls ab und übertragen ihn auf die Kerze. Legen Sie die Vorlage mit dünnen Goldstreifen nach. (Sehr genau arbeiten!)

Kerzen mit Blumenmotiven

Mit Blumenmotiven können Sie ganz verschiedene Kerzenarten schmücken. Ob Kegel-, Kugel- oder Stumpenform, duftige Blüten machen aus jedem einfachen Wachsgebilde einen wahren Augenschmaus.

Blütenkerzen

Kerze mit Seidenblüten

Das wird gebraucht

2 Formkerzen in verschiedenen Größen
Wachsplatte in Dunkelgrün
Gold- oder Silberlack
Pinsel
Seidenblüten, passend zur Kerzenfarbe und -größe
Perlen
Stecknadeln

So wird's gemacht

Schneiden Sie einige verschieden große Blätter frei Hand aus und ritzen Sie die Blattadern mit einer Nadel oder einem spitzen Messer ein. Danach fixieren Sie die Blätter auf der Kerze. Am besten Sie legen sie erst mal leicht auf und probieren verschiedene Möglichkeiten aus, bevor Sie die Blätter fest andrücken.

Pinseln Sie nun auf die Blattränder etwas Gold- oder Silberlack und lassen Sie die Teile trocknen.

Zum Schluss drücken Sie die Seidenblume mit mehreren perlenverzierten Stecknadeln in die Kerze.

Tipp

Sie können die Kerze auch noch mit weiteren Accessoires schmücken.

Blütenkerzen

Das wird gebraucht

Kugel-, Stumpen- oder Kegelkerze
Wachsplatten in Gold, Grün, Rosa, Rot

Kerzen mit Blumenmotiven

So wird's gemacht

Ebenso wie bei der »Hochzeitskerze mit Rosenranke« auf Seite 20/21 werden hier erst die Stiele, dann die Blätter und zum Schluss die Blüten aufgebracht.

Wie Sie die Rosenblüten herstellen, erfahren Sie auf Seite 5. Bei der kegelförmigen Kerze bestehen die Blüten nur aus roten Punkten.

Kerzen mit grafischen Mustern

Spiralen, Dreiecke, Vierecke und Kreise sind Formen, die hervorragend zu einer eher praktisch orientierten Einrichtung oder einem in klaren Linien angeordneten Tischschmuck passen.

Kerzen mit spiralförmigen Mustern

Abbildung Seite 27

Das wird gebraucht

Stumpen-, Kugel- oder Spitzkerze
Wachsplatten in Gold und beliebigem Farbton

So wird's gemacht

Schneiden Sie einige verschieden dicke Streifen von den Wachsplatten. Beginnen Sie mit den Goldstreifen und legen Sie damit ein Muster so, wie Sie es auf dem Bild sehen, oder frei nach Ihrem Geschmack.

Entlang der Goldstreifen legen Sie dann die Streifen in der anderen Farbe. Zum Schluss bringen Sie noch einzelne Punkte an.

Kerzen mit geometrischen Mustern

Das wird gebraucht
Kerzen mit verschiedenen Formen
Wachsplatten in beliebigen Farben

So wird's gemacht

Schneiden Sie aus den Wachsplatten mehrere geometrische Formen, zum Beispiel Kreise, Dreiecke oder Vierecke, in verschiedenen Größen zu.

Legen Sie dann die einzelnen Teile leicht auf die Kerze und drücken Sie diese, wenn die Verzierung Ihrer Vorstellung entspricht, fest an.

Sie können eventuell einzelne Teile noch umranden oder mit Goldspray besprühen.

• Tipp •
Für das Anfertigen der geometrischen Formen können Sie auch Schablonen verwenden, z. B. Austechformen, Geldstücke, Geodreieck usw.

Weihnachtliche Kerzen

Weihnachtliche Kerzen

Vorlage siehe Vorlagenbogen

Diese nachtblauen Kerzen bestechen nicht nur durch die funkelnden Sterne, sondern auch durch die außergewöhnliche Struktur, die durch einen kleinen Trick erreicht wurde.

Das wird gebraucht

Kugel-, Spitz- oder Stumpenkerze
Wachsplatten (Reste) in Gold und in der Farbe der Kerze
Goldspray oder -puder

So wird's gemacht

Drücken Sie die der Kerzenfarbe entsprechende Wachsplatte zu einem Klumpen, erwärmen Sie diesen über

Weihnachtliche Kerzen

einer Kerzenflamme und betupfen Sie damit die zu verzierende Kerze rundum gleichmäßig. Dadurch erhält die Kerze eine effektvolle raue Oberfläche.

Als Nächstes pausen Sie die Sterne von der Vorlage ab, schneiden die goldfarbenen Wachsplatten entsprechend aus und ordnen die Sterne in kleinen Gruppen auf der Kerze an.

Jetzt fixieren Sie zwei verschieden breite Streifen nebeneinander auf der Kerze, wobei Sie die Sterne aussparen.

Zuletzt etwas Goldspray oder Goldpuder aufbringen.

• Tipp •

Wenn Sie statt der Sterne Herzen als Motiv verwenden, eignen sich die Kerzen für vielerlei Anlässe.

Die Deutsche Bibliothek – CIP-Einheitsaufnahme

Ein Titeldatensatz für diese Publikation ist bei
Der Deutschen Bibliothek erhältlich.

Fotografie: Klaus Lipa, Diedorf bei Augsburg
Lektorat: Susanne Gugeler, Mering
Umschlaglayout: Angelika Tröger
Reihenkonzeption: Kontrapunkt, Kopenhagen
Layout: Anton Walter, Gundelfingen

Das Werk einschließlich aller seiner Teile ist urheberrechtlich geschützt. Jede Verwertung außerhalb des Urhebergesetzes ist ohne Zustimmung des Verlages unzulässig und strafbar. Das gilt insbesondere für Vervielfältigungen, Übersetzungen, Mikroverfilmungen und die Einspeicherung und Verarbeitung in elektronischen Systemen.

Die im Buch veröffentlichten Ratschläge wurden von Verfasserin und Verlag sorgfältig erarbeitet und geprüft. Eine Garantie kann dennoch nicht übernommen werden. Ebenso ist die Haftung der Verfasserin bzw. des Verlages und seiner Beauftragten für Personen-, Sach- und Vermögensschäden ausgeschlossen.

Jede gewerbliche Nutzung der Arbeiten und Entwürfe ist nur mit Genehmigung von Verfasserin und Verlag gestattet.

AUGUSTUS VERLAG, München 2001
© Weltbild Ratgeber Verlage GmbH & Co. KG.

Satz: Gesetzt aus 9,5 Punkt The Sans von DTP-Design Walter, Gundelfingen
Reproduktion: Repro Mayr, Donauwörth
Druck und Bindung: Offizin Andersen Nexö, Leipzig

Gedruckt auf 135 g umweltfreundlich chlorfrei gebleichtes Papier.

ISBN 3-8043-0708-6

Printed in Germany